SONIA JUNQUEIRA

INVENTADEIRA DE BESTEIRA, EU?!

ILUSTRAÇÕES
ELISABETH TEIXEIRA

Yellowfante

Pra Manuela,
minha companheirinha de inventação.

EU ÀS VEZES TENHO VONTADE DE ENFORCAR ALGUMAS PESSOAS. Você não? Nem essas pessoas que irritam a gente, amolam, enchem? Pois eu tenho, e muita.

A última que eu quis enforcar foi o Lalo, meu primo. Nem sei se aquilo é uma pessoa. Acho mais que é uma coisa, e que existe só pra me enfezar. Ele não desgruda e fica o tempo todo rindo de mim, me pregando peças, cutucando, beliscando, sendo do contra. E fungando. EU NÃO GOSTO DE GENTE QUE FUNGA.

Pois isso é o Lalo: um fungão irritante. Mas não sei não: acho que foi por causa da última que ele me aprontou que aconteceu tudo o que vou contar...

Tenho mania de ficar deitada de barriga no chão olhando formigas, ou de costas, olhando pro céu. Quando tem nuvens, é uma delícia descobrir os desenhos que elas formam, inventar histórias, essas coisas. Quando não tem, é outra delícia ficar vendo aquele azul inteirinho e liso, sem nem um sujinho. Viajar nele, inventar.

É uma das coisas que mais gosto de fazer. Às vezes fico horas olhando pro céu. Muito mais nos últimos tempos, pois começou a acontecer uma coisa esquisita sempre que eu fazia isso. Parecia que uma coisa pequenininha, minúscula mesmo, se mexia no meio daquele azulzão todo. Não dava pra ver direito porque a tal coisa era azul também, da corzinha do céu. Então como é que eu via ela? Ora, porque se mexia. Pra frente, pra trás, parecia que vinha descendo na minha direção, depois pulava pra trás de novo...

No começo, pensei que era doidice minha. Depois, comecei a achar que tinha mesmo alguma coisa acontecendo. Depois de depois, tive certeza: tinha um ponto azul no céu mexendo comigo. Querendo chegar perto, fazer contato, me pegar, sei lá.

Minha cabeça disparou. Fiquei imaginando o que podia ser aquilo. Um ET? Um ser sobrenatural? Uma portinha no azul? Mas pra onde? Será que existia um outro mundo lá em cima, que nem a Atlântida cá embaixo?

Fosse o que fosse, eu ia descobrir. Que era alguma coisa, ah!, isso era. Porque eu não estava doida, não...

Bom, mas onde é que entra o Lalo? Ora, entra no meio de um desses meus pensamentos, numa hora em que eu tinha acabado de ver o ponto azul se mexer no céu.

Eu nunca falo com o Lalo, não pergunto, não respondo, não gosto nem de olhar pra ele. Mas naquele dia, semana passada, estava encucada, olhando pro céu e esperando que o ponto se manifestasse. Aí, quando o Lalo perguntou o que eu estava fazendo, contei tudo.

Ah, que raiva. Que raiva. QUE RAIVA! O Lalo atacou na hora:

— Rá, rá, rá! Que boba! Que boboca! Que bobona! Vê lá se isso é possível! Um ponto no céu querendo se comunicar com você, rá, rá, rá!

— É verdade, Lalo. Juro! Tem uma coisa lá que se mexe na minha direção toda vez que fico olhando pro céu. Eu vi! Várias vezes!

— Mentira! Viu nada! Você *acha* que viu! E você é maluca, deve estar inventando isso só pra aparecer. Depois, vê lá se algum ET ia querer fazer contato com uma *menina*! Bobona! Boboca! — disse e saiu correndo pra fugir da pedra que taquei nele.

Fiquei lá, sentada no chão e tremendo de raiva do Lalo e de mim. Por que fui responder praquele bobalhão? Agora, pronto: ele ia contar pra todo mundo, e todo mundo ia rir de mim, achar que eu sou doida e mentirosa. Que não existe nenhuma coisa no azul do céu querendo se comunicar comigo.

Droga. Eu estava adorando o mistério, adorando ter um segredo daqueles, até o Lalo descobrir. Agora... Comecei a achar que era mesmo uma bobona, que ninguém faz isso, só gente doida ou gente que tem mania de acreditar em coisas impossíveis.

Ainda bem que existem as palavras. Porque uma das coisas de que mais gosto nessa minha vida são as palavras. Quando estou triste ou chateada, então... Adoro ficar rabiscando ou repetindo baixinho alguma palavra, viajar nela, inventar. Tempo, claridade, chuva, chocolate, terra, estrela, magia, tacape, bochecha, crocotó, *sky*, *rain*... nossa! Se eu não me controlar, não paro mais. Adoro. O som, o cheiro das coisas que as palavras contam, o jeito de cada uma, o modo como se juntam...

Ainda bem que existem as palavras.

MAGIA
Tempo
Sky

Fiquei uns três dias emburrada com a vida por conta do Lalo. Só pensava no que tinha acontecido e no Lalo enforcado debaixo da minha janela. Ele tinha contado a história pra um monte de gente, e todo mundo ficava rindo de mim, falando que eu era uma "inventadeira de besteira", vê se pode. Eu até parei de sair de casa por causa disso. Ficava trancada no quarto morrendo de raiva, ou pensando no mistério do ponto azul, ou lendo, ou viajando nas palavras. Pra me divertir e limpar a cabeça, sabe? Viver histórias que só eu sei que *não são* impossíveis.

Então... aconteceu uma coisa. A coisa mais incrível que já aconteceu na minha longa vida de três mil, duzentos e oitenta e cinco dias e uns quebrados.

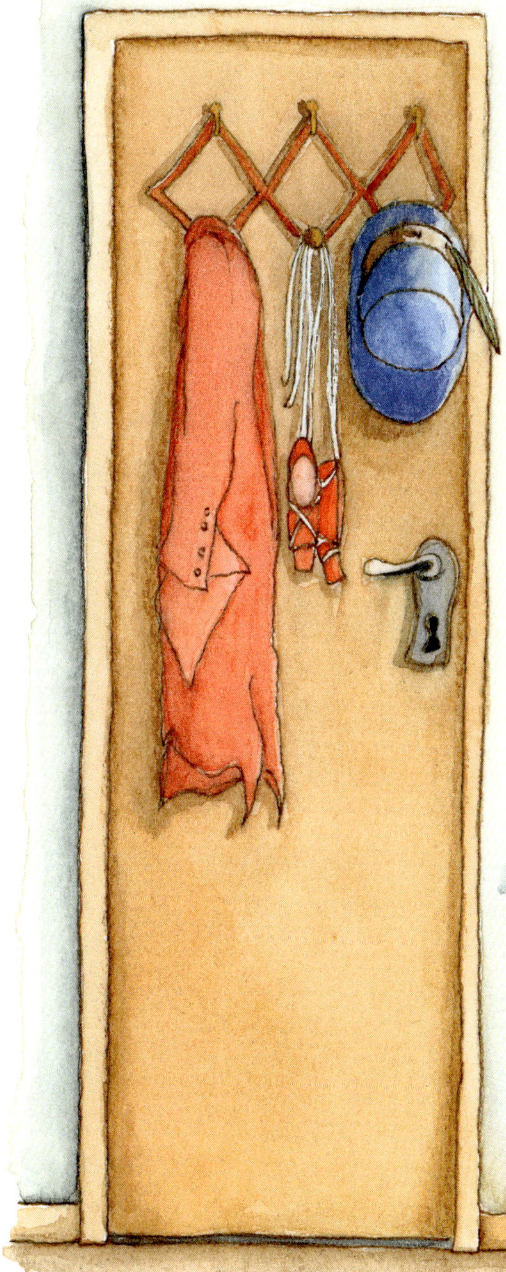

Pra você ler antes de saber
o que me aconteceu:

Meu nome: *Sandra.*
Apelido: *Danda.*
Idade: *3.285 dias e uns quebrados.*
Série em que estudo: 4ª.
Gosto: *de dançar, de ler, de ir ao cinema, de rir, de andar descalça, de chuva, de queijo com café. E de palavras. ADORO palavras.*
Não gosto: *de gente que funga, de lesma, de tropeção, de gente que fala tudo em* inho, *da palavra* ojeriza.
Mania: *ficar deitada de barriga... você sabe.*
Família: *pai, mãe, irmãozinho, vó, gato, cachorro, papagaio.*
Amigas: *a Duda, a Val, a Tuca e a Dora.*
Inimigos: *o Lalo, até outro dia.*
O que penso do amor: *hã?!*

Naquele dia, levantei atrasada pra escola. Fui correndo pro banheiro, peguei a escova de dentes, abri o tubo de pasta, espremi e... ploft! Pulou lá de dentro um papelzinho enrolado e todo melecado.

Desenrolei e li um recado borrado, escrito numa letra redondinha:

Não tinha assinatura nem era letra de ninguém que eu conhecia. Se tivesse um irmão maior, na certa seria armação dele. Mas o meu ainda usa fralda. O Lalo não podia ser, tinha sumido da minha casa depois da pedrada que não acertei nele.

— Danda! Olha a hora! — era minha vó.

Acabei de me arrumar bem depressa e corri pra tomar café. Quando mordi um pão de queijo, veio junto um papelzinho amassado e manchado de gordura. A letra era igual:

— Ué! Que coisa mais esquisita! O que será que é isso?

— Danda! Olha a hora! — era minha mãe.

Corri pra pentear o cabelo e pegar a mochila. Mas um papelzinho enrolado no cabo da escova não deixou:

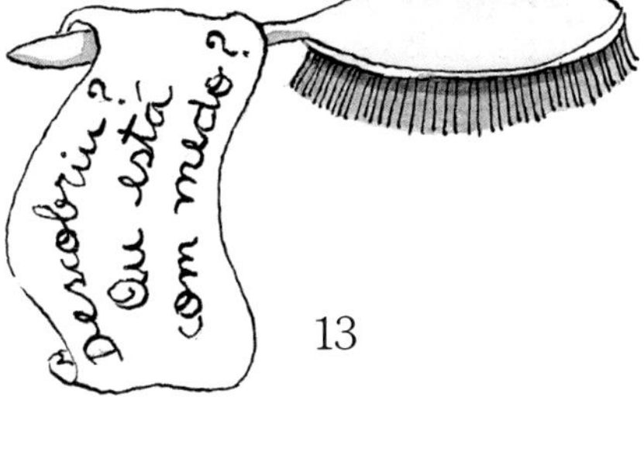

Reli o primeiro papelzinho — ou melhor, o segundo: “O que é um ponto vermelho pulando de galho em galho na floresta?”.

Que coisa! Será que era uma brincadeira do meu pai? Mas... ele não era disso! Então, quem? Será que o Lalo, mesmo de longe...

— Danda! Olha a hora! — era meu pai, já com o carro ligado pra esquentar.

Corri, entrei no carro descabelada mesmo, e meu olho bateu num aviãozinho de papel bem pequeno, pousado no assento. Desdobrei:

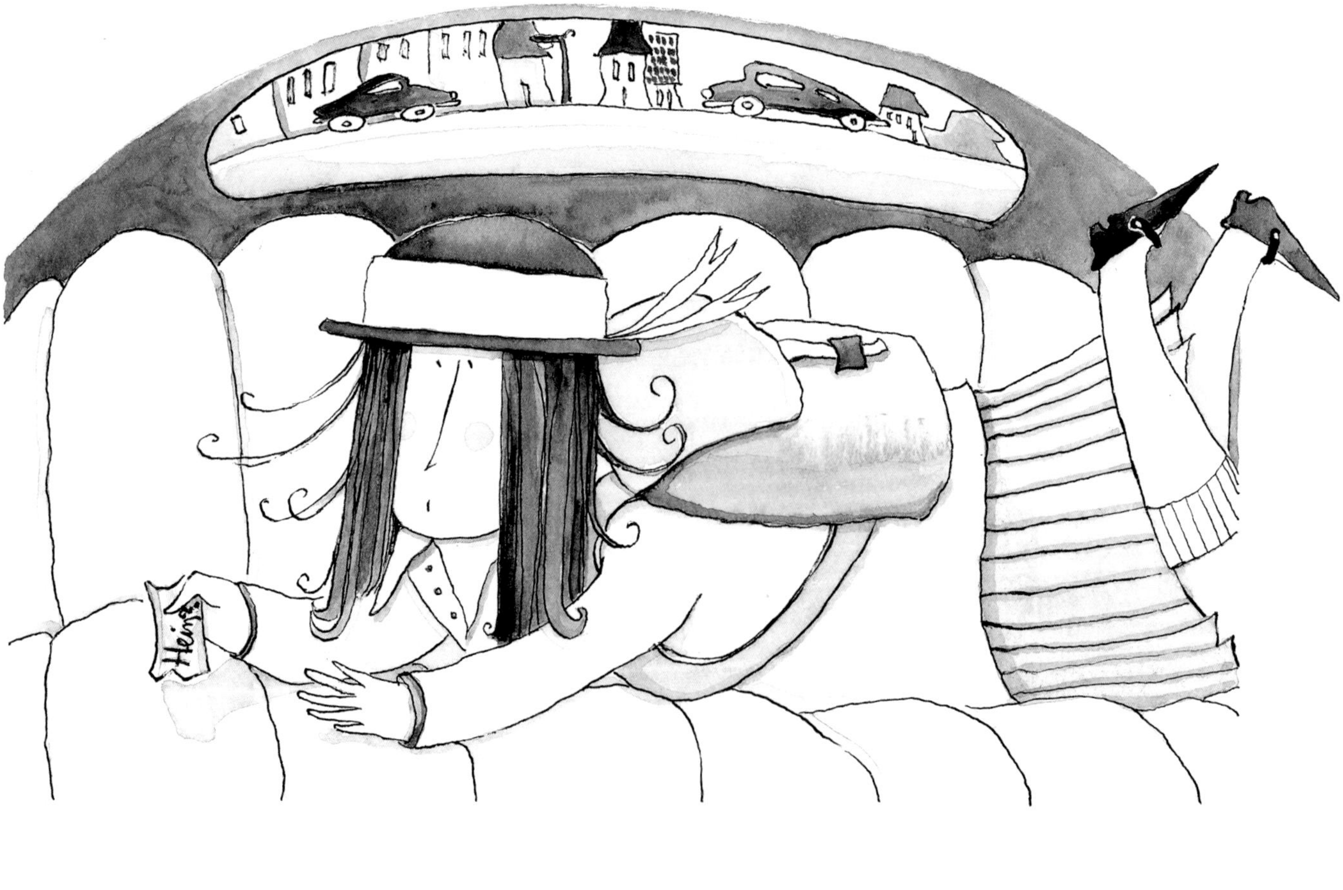

— Ai, pai! Que dor de barriga! Ai, ai!

— Ah, filha, não dá pra te esperar não!

— Faz mal não, pai. Depois a mãe me leva.

Disparei pro banheiro, pra despistar. No espelho do armarinho estava colado um papel:

"O que será que é um ponto vermelho pulando de galho em galho na floresta?"

Eu já estava desafiada. Saí quietinha do banheiro, atravessei a copa, passei pela cozinha sem ninguém me ver. Fui pro quintal e, de lá, direto pra floresta. Eu sempre deixo uma floresta perto de casa, pro caso de precisar. Parece até que estava adivinhando...

O ponto vermelho pulava mesmo de lá pra cá e daqui pra lá no meio das árvores. Às vezes se balançava num cipó, outras, parava em algum galho grosso e ficava dando pulinhos.

Cheguei perto.

— Ah, menina! Eu estava só esperando você pra me embrenhar mais na floresta!

O ponto vermelho que pulava de galho em galho na floresta era um *morangotango*. Me entregou um papel amassado e manchado — de vermelho, claro —, fez uma reverência e, num pulo de pulga, desapareceu entre as árvores.

De agora em diante tudo vai ser bem rápido. Prepare-se!

Quando acabei de ler, um macaquinho barulhento começou a jogar coisas em cima de mim. Banana, pedra, galho seco, coquinho e uma bolota de papel.

Essa era fácil. Um ponto brilhante no meio da grama só podia ser algum caco de vidro ou um pedacinho de metal...

Era — só que não do jeito que eu pensava. A formiguinha de aparelho nos dentes me cutucou, aflita:

— Ufa! Como você demorou! Estou atrasada pro dentista, menina!

— Por que você usa aparelho?

— Dentes tortos, claro, sua boba! Ia ser por quê? Mas já estou cansada, está demorando muito pra endireitar. E isso incomoda, repuxa, dói, não posso comer direito. Nem beijar meu namorado,

que também usa aparelho. Senão a gente gruda... Tome, faça bom proveito!

Jogou uma bolinha minúscula de papel na minha mão e disparou grama afora. Ainda deu pra ver ela conversar um segundo com um ponto azul da grama — uma formiga de *jeans* — antes de desaparecer.

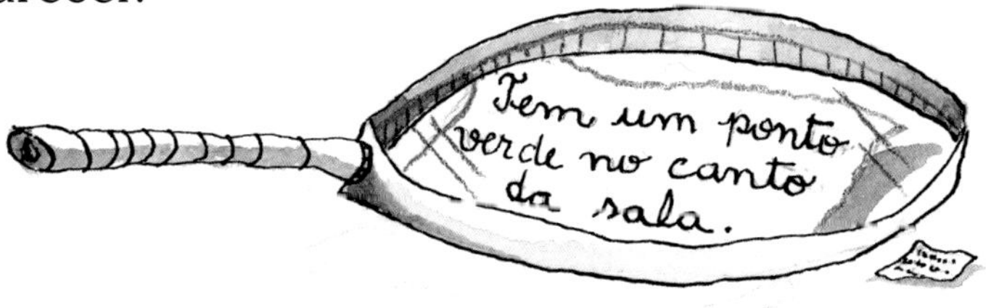

Dessa vez quem disparou fui eu. Pra casa. Enquanto corria, não podia deixar de pensar no Lalo. Se ele soubesse!

No chão, no canto que fica atrás do sofá da sala, uma ervilha me esperava, aflita:

— Credo, Danda, que demora!

— O que você está fazendo aí?

— Um ponto verde num canto da sala é uma ervilha de castigo, fique sabendo.

— Por quê?

— Não tem porquê. Eu não estou de castigo, eu *sou* uma ervilha de castigo. Tome. Isso é pra você. E não fique me olhando tanto, tenho vergonha de estar tão empoeirada...

Eu sempre deixo um prédio por perto, também. Aliás, essa é outra coisa que faz o Lalo achar que sou doida, cheia de manias, "inventadeira de besteira...". Corri pra lá e vi: bem no alto, na beiradinha, estava o ponto amarelo. Um grão de milho suicida.

— Ainda bem que você chegoooouuu! — gritou ele lá de cima.

— Não puuuuuule! — gritei eu cá de baixo. — Eu vou aíííí!

— Não adiaaaaantaa! Peeeeegue!

Achei que era pra pegar *ele*, mas não: uma folhinha de papel veio descendo suavemente, flutuando, e pousou bem na minha mão.

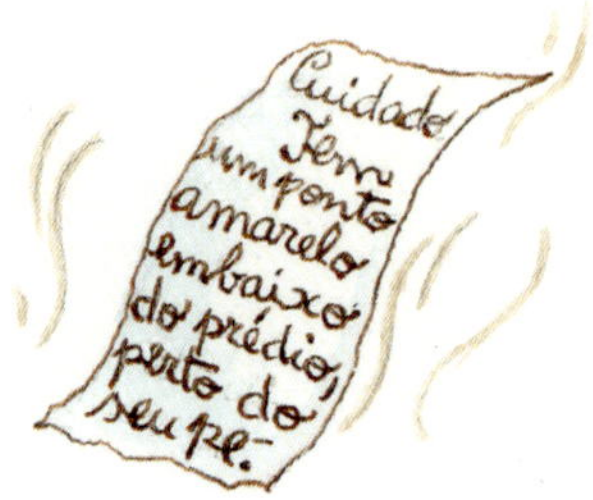

Olhei pra baixo. Era um pintinho recém-nascido esperando o grão de milho pular. Já estava velho de tanto esperar, tinha até barba branca, mas era recém-nascido.

— Piu! — ele apontou para um papelzinho dobrado e enfiado numa greta da calçada.

Dei um pulo e olhei pra trás.

— Olá, olá, olá! — era a voz gorda e bonachona de um... *yellowfante*!

— Rá! Essa é fácil — eu disse. — Eu ia adivinhar logo, logo! Afinal, já sei o nome de muitas cores em inglês: *yellow* é amarelo, *red* é vermelho, *black* é preto, *white* é branco, *blue* é azul, *green* é verde... Essa eu ia adivinhar logo!

— Ia mas não foi, sua sabichona! Depressa! Pegue!

Virou a tromba na minha direção e soprou forte. Caí sentada, com um bilhetinho no colo. O *yellowfante* desbotou e desapareceu.

Corri pra beira do rio. Eu sempre tenho um à mão, você sabe...

Fui recebida por um enorme *jacared*. Enorme e ranzinza:

— Que coisa! Você vive atrasada! Anda logo! Tenho mais o que fazer!

E abriu o bocão. Lá dentro, bem no meio da língua, outro papelzinho.

Morta de medo, enfiei a mão na bocarra do *jacared* e agarrei o papel.

No laboratório que sempre tenho etc., etc., há um microscópio. Corri pra lá e grudei o olho na lente.

Lá embaixo, na plaqueta, uma *blacktéria* de ar entediado segurava uma bandeirinha em que se lia:

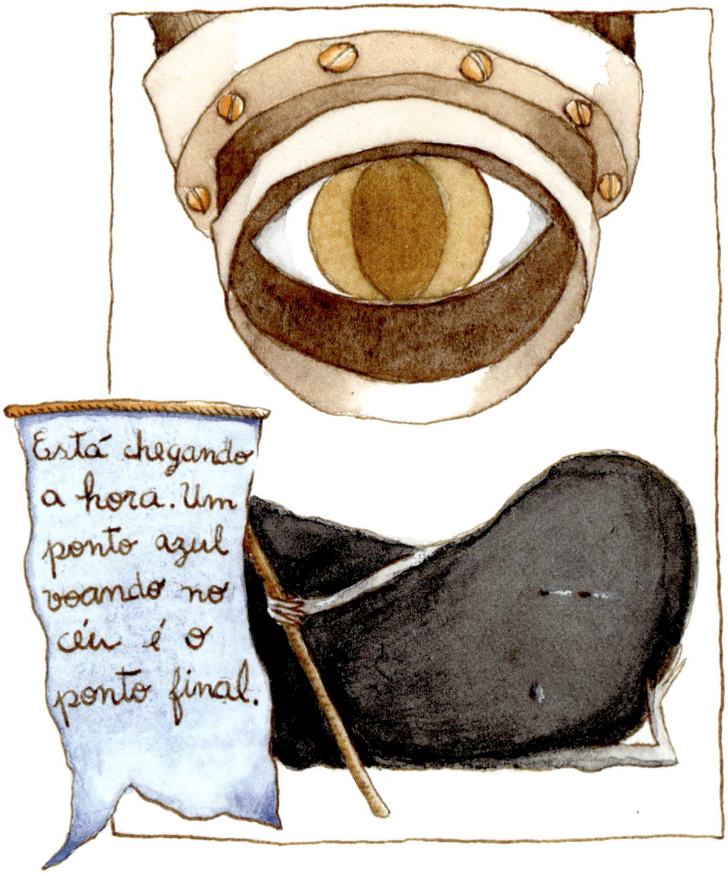

Fiquei arrepiada. Tinha chegado a hora da “coisa” se comunicar. Eu estava conseguindo! Pena que o Lalo não estava por perto. Se não fosse tão bobo, ia viver essa aventura comigo...

De repente, fiquei gelada de medo. E se fosse mesmo um ET e me levasse num disco voador? E se fosse uma alma do outro mundo?!

“Bobagem!”, pensei. E me lembrei de uma frase que li num livro superlegal, *A vaca voadora*, de uma escritora chamada Edy Lima: “Não tenha medo. O que a gente não receia não acontece.” — acho que era isso, ou quase.

Saí do laboratório e olhei pro céu, esperando. Estava azul de doer, liso, inteirinho, sem nem uma manchinha.

Dessa vez, demorou um pouco até eu ver o ponto azul bem pequeno lá longe, no alto. Devagarinho, ele veio descendo. Veio vindo, foi chegando, pousou no chão perto de mim.

— Oi, Danda.

Era um *urublue.*

Naquela noite, antes de dormir, fiquei um tempão na janela, pensando.

Tinha estrela no céu, tinha Lua — um luão deste tamanho! —, vinha um cheiro bom da mexeriqueira do quintal e meu coração andava estufado de tanta felicidade.

Pensei no Lalo e não senti raiva, nem antipatia, nem nada. Nem vontade de enforcar ele: essa ficou guardada junto com a floresta, o prédio, o laboratório e todas as outras coisas que sempre deixo por perto pra quando precisar.

Pensei num punhado de palavras de que gosto. Madrugada, ciranda, pirilampo. *Popcorn*, *dream*, sarampo. Sonho, segredo, cigarra, índio, cantoria, barulhar, inventar... Delícia. Delícia. DELÍCIA!

Humm... Acho que amanhã vou acordar "inventadeira de poesia". Será que em poesia o Lalo acredita?

Nota da autora:

Todas essas "adivinhas modernas" ou "pegadinhas" — morangotango, formiga de aparelho, ervilha de castigo, yellowfante, jacared... — me foram contadas pelo Lucas, pelo Thiago, pelo Lau. São brincadeiras verbais do tipo "o que é, o que é?", que as pessoas andam trocando por aí...

A autora

Quando era criança, sempre morei em casa com quintal. E era lá, ou no meu quarto, lendo, estudando, nadando (como eu chamava *fazer nada*), que passava a maior parte do tempo. Como a Sandra, eu adorava observar formigas, inventar as conversas delas, imaginar como era o formigueiro por dentro. Também amava as nuvens, suas formas, seus movimentos, seus desenhos, as histórias que me contavam. Como a Sandra, tive primos e irmãos que eu tinha vontade de enforcar, às vezes. E também era chamada de "inventadeira de besteira".

É, a Sandra tem muito da menina que fui lá em Três Corações, no sul de Minas, onde nasci no dia 19 de abril de 1945. Não sei se ela continuou gostando tanto de palavras e de livros, se fez faculdade de Letras, se foi professora de Português e de Teoria da Literatura, se deixou de ser pra virar editora e escrever livros pra crianças, como eu. Se vive em Belo Horizonte, quem sabe perto de mim, se continua amando gatos, chuva, música, cinema, amigos e queijo com café.

Quer saber? Acho que sim. Acho até que sei onde a Sandra mora: bem aqui, dentro de mim...

A ilustradora

Cresci em uma pequena cidade no litoral do Rio de Janeiro e tive uma infância com muitas brincadeiras e imaginação solta. Gostava de desenhar, mas também de fotografar, costurar, nadar, velejar... Na Escola de Belas Artes da UFRJ, me formei em Desenho Industrial. Trabalhei com fotografia, publicidade, e desde 1990 ilustro e escrevo literatura para crianças. Também colaboro com textos e ilustrações para publicações especializadas em literatura infantil.

Pelo meu trabalho já recebi prêmios importantes como o Jabuti/CBL, Melhor para Criança, da FNLIJ, entre outros, além de participar de oficinas e mostras de ilustração. Atualmente, moro na cidade do Rio de Janeiro. Visite-me na WEB em *www.elisabethteixeira.blogspot.com* e *www.contatoetx.wixsite.com/elisabethteixeira* e conheça mais sobre meu trabalho.

Edição geral
Sonia Junqueira

Projeto gráfico de miolo
Elisabeth Teixeira

Edição de arte e capa
Diogo Droschi

Revisão
Mariana Faria

Dados Internacionais de Catalogação na Publicação (CIP)
(Câmara Brasileira do Livro, SP, Brasil)

Junqueira, Sonia
Inventadeira de besteira, eu?! / Sonia Junqueira ; ilustrações Elisabeth Teixeira. – 5. ed. – Belo Horizonte : Yellowfante, 2020.

ISBN: 978-85-513-0726-7

1. Literatura infantojuvenil I. Teixeira, Elisabeth. II. Título.

19-31309 CDD-028.5

Índices para catálogo sistemático:
1. Literatura infantil 028.5
2. Literatura infantojuvenil 028.5

Maria Paula C. Riyuzo - Bibliotecária - CRB-8/7639

A **YELLOWFANTE** É UMA EDITORA DO **GRUPO AUTÊNTICA**

Belo Horizonte
Rua Carlos Turner, 420
Silveira . 31140-520
Belo Horizonte . MG
Tel.: (55 31) 3465 4500

São Paulo
Av. Paulista, 2.073 . Conjunto Nacional
Horsa I . 23° andar . Conj. 2310 - 2312
Cerqueira César . 01311-940 . São Paulo . SP
Tel.: (55 11) 3034 4468

www.editorayellowfante.com.br